시인과 함께 읽는 아침의 시

아직도 처음이다

시인과 함께 읽는 아침의 시

아직도 처음이다

2012년 5월 31일 초판 1쇄 발행

엮은이 고증식
펴낸이 윤영진
편 집 함순례
디자인 함광일 이경훈
홍 보 한천규
펴낸곳 도서출판 애지
등록 제 2005-5호
주소 300 -170 대전광역시 동구 삼성동 125-2 4층
전화 042 637 9942
팩스 042 635 9941
전자우편 ejiweb@hanmail.net

ISBN 978-89-92219-37-2 03810

시인과 함께 읽는 아침의 시

아직도 처음이다

고증식 엮음

□ 책을 엮으며

겨울 지나 다시 꽃들이 불붙는 계절을 건너는 중입니다.

작년 이맘때는 반년 남짓 국제신문의 '아침의 시' 꼭지를 소개하며 보냈습니다.

일주일에 두세 편씩 꼬박꼬박 시를 고르는 일은 수고로웠지만, 곳간에 쟁여둔 알곡들을 다시 꺼내 음미하는 맛은 무척이나 달고 진진했습니다. 예정보다 두 달 더 연장하여 소개하다 보니 어느덧 작은 책 한권 분량이 되어 돌아왔습니다.

이런 걸 책으로 엮어도 되나, 하는 망설임이 앞섰으나 잘 여문 이 시들을 두루 나누고 즐겼으면 좋겠다는 말에 용기를 냅니다.

막상 원고를 넘기려니 괜한 사족으로 시에 덧칠을 하는 건 아닌가 걱정도 되고, 곳간에 골라 놓은 미처 꺼내지 못한 시들이 발목을 잡기도 합니다. 하지만 좋은 시란 제 스스로 반짝이며 빛을 내는 법, 이 사리와도 같은 시를 만나게 해 준 시인들께 넘치는 술 한 잔 올립니다.

2012년 봄날에

고증식

차례

제2부 자신의 그림자 길동무 삼아

제3부 또 하나의 산으로 우두커니 앉아

제4부 섬진강 물길 따라 꽃등 환하고

제1부
세월의 물살에 떠밀려

물길

이시영

자 그러면 우리 놓읍시다 집착의 끈을
사랑은 네가 나를, 내가 너를
온 마음으로 타는 불길처럼 소유하는 것이 아니라
여름 산이 콸콸 더운 숨결을 쏟아
앞내로 바다로 흘려보내듯이
우리도 우리 자신의 막힌 가슴을 뚫어
서로를 남김없이 놓아주는 것
그러면 우리 가을 시린 들판에서 만날는지도 몰라
거기 풀꽃들이 서로의 찬 이마를 맞부비고 있는 곳
기러기 날아오른 논둑길 따라
갑자기 서늘해진 등을 뒤척이며 맑은 눈길로

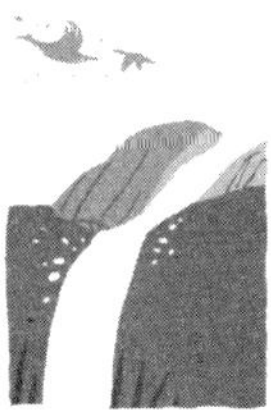

들판 가득 황금빛 나락들 베어져 눕고, 푸른 숲 가득한 나뭇잎들 붉게 물들었습니다. 이제 곧 저 잎새들마저 나뭇가지를 놓고 흙으로 돌아가겠지요. 순리란 이렇듯 아낌없이 다 내려놓고 돌아설 줄 아는 것, 그런 후에야 우리는 비로소 맑은 눈길로 다시 만날 수 있을 테지요. 세월의 물살에 떠밀려가면서도 쉽게 놓을 수 없는 소유로 애타는 가슴들, 그 허망한 집착의 불길도 이토록 시린 늦가을 속으로 다 흘려보낼 수 있었으면 좋겠습니다.

인연

최영철

오늘은 특별한 날이라고
자장면집 한 켠에서 짬뽕을 먹는 남녀
해물 건더기가 나오자 서로 건져주며
웃는다 옆에서 앵앵거리는 아이 입에도
한 젓가락 넣어주었다
면을 훔쳐올리는 솜씨가 닮았다

식구란 한 집에 살면서 끼니를 같이 하는 사람들이지요. 하지만 요즘엔 그 말이 무색할 정도로 서로 얼굴 마주할 겨를도 없이 바쁘게들 살아가고 있습니다. 예전엔 적어도 아침, 저녁 하루 두 끼는 밥상에 둘러앉아 머리를 맞대고 숟가락을 부딪쳐가며 함께 밥을 먹었지요. 그러는 사이 까다로운 식성과 날렵한 젓가락질이 닮아가고, 입 안에 음식을 넣고 오물오물 씹는 그 모양새까지 점점 더 붕어빵이 되어가는 게 바로 '식구' 아닐까요. 옷깃 하나 스치는 인연을 위해서도 전생에 오백 겁 인연이 있어야 한다는데, 부부로 혹은 부모 자식으로 만나 한 밥상에 둘러앉게 된 이 무량겁의 인연을 어찌 말로 다 풀어낼 수 있겠어요.

태백산행

정희성

눈이 내린다 기차 타고
태백에 가야겠다
배낭 둘러메고 나서는데
등 뒤에서 아내가 구시렁댄다
지가 열일곱살이야 열아홉살이야

구시렁구시렁 눈이 내리는
산등성 숨차게 올라가는데
칠십 고개 넘어선 노인네들이
여보 젊은이 함께 가지
앞지르는 나를 불러 세워
올해 몇이냐고
쉰일곱이라고
그중 한 사람이 말하기를
조오흘 때다

살아 천년 죽어 천년 한다는

태백산 주목이 평생을 그 모양으로
허옇게 눈을 뒤집어쓰고 서서
좋을 때다 좋을 때다
말을 받는다

당골집 귀때기 새파란 그 계집만
괜스레 나를 보고
늙었다 한다

강원도에 눈이 내렸다는 소릴 며칠 전에 들은 것 같다. 겨울이 다 가도록 변변한 눈 한번 볼 수 없는 동네에 내려와 산지 스물 몇 해, 해마다 이맘때가 되면 눈 소리만 들어도 어릴 적 풍경이 확 살아난다. 설렌다. 설렌다는 게 어디 귀때기 새파란 것들만의 특권이랴. 태백산 주목의 눈으로 본다면야 너나 나나 다 어리고 귀여운 것들. 우리가 스스로를 가둔 채 흘려보낸 그 때 그 때의 나이테들도 돌아보면 다 조오흘 때 아니었으리. 그러니 그대들이여, 부디 몇 장 남지 않은 달력 앞에서 쓸쓸해하지들 마시기를, 새 달력 앞에서 더 많이 설레시기를.

아직도 처음이다

고은

아직도 파릇파릇 떤다
아직도 가슴
콩닥콩닥 뛰논다
거짓말인지 참말인지 모르고
아직도 까불어댄다
아직도 별을 헨다
별 헤다가
일흔 개쯤 헤다가 그만둔다
아직도
아직도
바람 불면 뛰쳐나간다

삼십년의 삶 헛되이
아직도 편지를 보낸다 벌벌 떨며 받는다
아직도 얼음 녹으며 얼음 얼며 그립다
함께 있어도
먼 나라 몇 개 저쪽

하늘 속 비행운 한줄 그립고 그립다 끝이 외롭다

아직도 토라진다
낱말 하나가 다이다
아직도 돈 얘기를 하지 않는다
아직도 똥 얘기 남의 얘기를 하지 않는다

아직도 처음이다
아직도
처음의 처음이다

삼십년의 삶 무효

사랑은 변한다. 영화 속에서야 '사랑이 어떻게 변하느냐' 고 변심한 애인을 향해 울부짖기도 하지만, 학자들에 따르면 인간이 사랑의 감정을 지속할 수 있는 기간은 대략 삼십 개월 정도라고 한다.

최근 여든을 바라보는 노시인께서 생애 첫 사랑시집을 펴냈다. 시집 제목 '상화' 는 삼십년 살 맞대고 살아온 아내이자 연서 한권을 오롯이 바치게 한 첫사랑의 주인공이다. 시인은 아직도 아내 이름을 부르면 사춘기 소년처럼 가슴이 콩닥거리고, 잠시라도 떨어져 있으면 사무치도록 그립단다. 외롭단다. 불꽃같은 열정 하나로 평생을 살아온 시인의 사랑이 갓난아이의 속살로 와 닿는다.

사랑은 변한다. 세월에 눌려 바래갈 수도, 설렘을 더해 새로워질 수도 있는 것. 곁에 놓인 사랑을 '어떻게' 가져갈 것인가 하는 건 지금, 우리, 각자의 몫이다.

공군소령 김진평

윤제림

싸리재 너머
비행운이 떴다

붉은 밭고랑에서 허리를 펴며
호미 든 손으로 차양을 만들며

남양댁
소리치겠다

"저기 우리 진평이 간다"

우리나라 비행기는
전부 진평이가 몬다

아내를 따라간 절 마당에서 수능대박을 기원하며 기왓장에 꾹꾹 이름을 눌러쓰는 어머니들을 보았습니다. 세상의 모든 어머니들은 한평생 자신의 이름 대신 자식의 이름표를 가슴에 붙이고 사는 사람들이지요. 빅토르 위고는 말하기를 세상이 한 사람으로 축약되고, 그 한 사람이 우주로까지 확장되는 것이 바로 사랑이라고 했습니다. 하늘에서, 바다에서, 땅에서, 그런 어머니의 사랑을 가장 든든한 '빽'으로 등에 업고 살아가는 우리 자식들. 그러니 이 땅의 수많은 진평이들이여, 우리 어머니한테 좀 잘 합시다.

문풍지

박두규

폭풍한설에 풍경소리마저 얼어붙은 겨울 산사에서
온밤을 통째로 우는 건 문풍지뿐이다
문의 틈새를 살고 있으나
사실은 안으로 들어가고 싶은 것이다
솜이불이 깔린 따뜻한 아랫목에 몸을 누이고
바람 타는 생을 마감하고 싶은 것이다
하지만 바람이 멈추고 울음을 그쳐도
문풍지는 문풍지,
안으로 들어 갈 수가 없다
차라리 바람에 온몸을 치떠는 것이,
몸부림치며 우는 것이, 살아있는 이승의 시간인 것을
안이어서도 안 되고 밖이어서도 안 되는
안과 밖의 경계를 살아야 하는 문풍지

살아있는 일 자체가 경계에 머물 수밖에 없는 존재들이 있다. 안으로 들어가 따뜻한 아랫목에 몸을 누일 수도 없고, 등 돌려 문 밖으로 나갈 수도 없는 평생을 문틈에 끼어 울어야 하는 존재. 그렇게 당신은 이승과 저승의 문지방을 조심스레 딛고 살아갈 수밖에 없는 운명이다. 그렇더라도 부디 그 서러운 울음 그치지 마시라. 그대들의 치떠는 몸부림이 존재의 가슴팍에 지워지지 않는 흔적을 남기고, 그 자리에 또 이승의 새 삶은 피어날 것이니, 하여 어떤 시인은 또 노래하지 않았던가. '모든 경계에는 꽃이 핀다' 고.

꽃단추

손택수

내가 반하는 것들은 대개 단추가 많다
꼭꼭 채운 단추는 풀어보고 싶어지고
과하게 풀어진 단추는 다시
얌전하게 채워주고 싶어진다
참을성이 부족해서
난폭하게 질주하는 지퍼는 질색
감질이 나면 좀 어떤가
단추를 풀고 채우는 시간을 기다릴 줄 안다는 건
낮과 밤 사이에,
해와 달을
금단추 은단추처럼 달아줄 줄 안다는 것

무덤가에 찬바람 든다고, 꽃이 핀다
용케 제 구멍 위로 쑤욱 고개를 내민 민들레
지상과 지하, 틈이 벌어지지 않게
흔들리는 실뿌리 야무지게 채워놓았다

사회에 첫걸음 내딛던 날, 와이셔츠 단추 하나하나 정성껏 채우며 속으로 무수히 다짐했던 말들. 단추를 채우는 동안의 시간이 선사한 그 때의 경건함과 가슴 벅찬 희열을 지금도 기억한다. '단다, 채운다, 누른다…' 처럼 목적어가 단추인 이 단어들을 중얼거리다 보면, 지금도 내 속은 충일감으로 차오른다. 세상의 갖가지 단추들은 관계를 이어주는 고리이며, 다른 세상으로 데려가주는 통로다. 옷깃을 여미는 단추에서부터 남의 집 대문을 누르는 초인종 단추, 낮과 밤을 잇는 해 단추와 달 단추, 이승과 저승을 이어주는 무덤가 '꽃단추' 까지. 찬바람 숭숭 지나가는 겨울 아침, 자꾸 헐거워지려는 오래된 관계의 단추 단단히 채우고 오늘도 대문을 나선다.

몸관악기

공광규

"당신, 창의력이 너무 늙었어!"
사장의 반말을 뒤로하고
뒷굽이 닳은 구두가 퇴근한다
살 부러진 우산에서 쏟아지는 빗물이
굴욕의 나이를 참아야 한다고
처진 어깨를 적시며 다독거린다

낡은 넥타이를 끌어당기는 비바람이
술집에서 술집으로
걸레처럼 끌고 다니는 밤

빗물이 들이치는 포장마차 안에서
술에 젖은 몸이
악보도 연주자도 없이 운다

세상은 너무 많은 경쟁과 변화를 요구하고 있어요. 도대체가 느긋하게 즐기며 살고 싶은 잠시의 여유를 못 봐 줍니다. 악기도 바람이 잘 통해야 소리가 나는 법인데 구멍을 막아버린 몸통에선 울음소리 밖에 나올게 없지요. 이렇게 달달 볶아 쥐어짜기만 하는 세상은 살만한 세상이 아닙니다. 사람도 장맛도 적당히 묵혀두고 적당히 우려낼 줄 알아야 훨씬 깊은 맛이 나는 법. 굴욕을 짊어진 가장들이 후줄근하게 젖어 우는 세상이 어찌 우리가 바라는 세상이겠는지요.

녹아버린 얼음보숭이

권경업

2005년 7월 26일 평양 고려호텔 현관 앞
북측 안내원 동무가 말했습니다

"공화국 북반부에서도, 요즘은
얼음보숭이라는 말 잘 안 씁네다
아이스크림이라면 다 알아듣습네다"

아쉽습니다 정말 아쉽습니다
먹어보지도 못하고 녹아버릴
아름다운 이름이 어디
얼음보숭이 뿐이겠습니까

민족의 영산이라는 백두산 한번 가보지 못했다. 마음만 먹으면 뒷산처럼 갈 것 같던 금강산도 그리운 노래 속에서나 또 만나게 생겼다. 한쪽에선 대포를 쏘아대고 핵무기를 들먹이며 낡아빠진 세습 굳히기에 몰입하고, 다른 쪽에선 좀더 강력하지 못한 대응을 아쉬워하며 포신을 가다듬고 있다. 얼싸안아도 모자랄 판에 증오의 칼날이나 들이대며 서로에게서 멀어져 가고 있다. 상황이 이러하니 꽝꽝 얼어버린 혹한 속에서 먹어보지도 못하고 녹아버릴 아름다운 이름들은 어느 세월에나 마음 놓고 불러볼 것인가.

조용한 일

김사인

이도 저도 마땅치 않은 저녁
철 이른 낙엽 하나 슬며시 곁에 내린다

그냥 있어볼 길밖에는 없는 내 곁에서
저도 말없이 그냥 있는다

고맙다
실은 이런 것이 고마운 일이다

그렇지요. 그냥 아무 말 없이 곁에 있어도 어색하지 않은 것들이 있지요. 있는 듯 없는 듯 또 하나의 나처럼 편안해 지는 당신. 가끔 대책 없이 쓸쓸해 지금껏 살아온 날들이 죄다 빈껍데기처럼 텅 비었고, 문 밖을 나섰으나 어디 한 군데 마음 붙일 곳 없는 그런 날. 도저히 어찌해볼 수 없는 허전함에 잡혀 혼자 술잔이라도 기울이는 늦가을 저녁이면 어쩌다 어깨에 살포시 떨어져 내리는 낙엽 한 장조차 고맙고 또 고맙지요. 묵묵히 곁을 지켜주는 오래된 벗 같기도 하고, 엎드려 숙제하는 호롱불 밑에 바느질감을 들고 앉은 어머니 같기도 한.

적선

길상호

마음이 가난한 나는
빗방울에도 텅텅텅 속을 들키고 마는 나는

뭐라도 하나 얻어 보려고

계절이 자주 오가는 길목에 앉아
기워 만든 넝마를 뒤집어쓰고 앉아

부끄러운 손 벌리고 있던 것인데

깜박 잠이 든 사이
아무 기척도 없이 다가와 너는
깡통 가득 동그란 꽃잎을 던져 넣고 갔더라

보지도 못한 얼굴이 자꾸 떠올라
심장이 탕탕탕 망치질하는 봄
깡통처럼 찌그러든 얼굴을 펼 수 없는 봄

눈발 날리는 거리에 올해도 어김없이 구세군의 자선냄비가 발길을 잡는다. 땡그랑, 땡그랑, 찬 공기를 뚫고 날아간 종소리가 오가는 사람들의 얼어붙은 심장을 울리고 있다. 가난한 이들이 살아내기엔 갈수록 힘들고 각박하게 돌아가는 세상. 하지만 세상 한 쪽에서는 거액의 돈 봉투를 말없이 넣고 간 무명씨들의 미담이 들려오기도 한다. 조금 더 가진 사람이 조금 덜 가진 이들과 나누는 게 진정한 의미의 '적선' 이라면 이런 선행의 주인공들이야말로 마음이 부자인 사람들이다. 넝마를 뒤집어쓰고 앉아 졸고 있는 사내에게 몰래 꽃잎 한 장 던져주고 간 바람처럼, 따뜻한 봄 햇살처럼.

아름다운 위반

이대흠

기사 양반! 저짝으로 조깐 돌아서 갑시다
어칠게 그란다요 빼스가 머 택신지 아요?
아따 늙은이가 물팍이 애링께 그라제
쓰잘데기 읎는 소리 하지 마시오
저번참에 기사는 돌아가듬마는……
그 기사가 미쳤능갑소

노인네가 갈수록 눈이 어둡당께
저번참에도
내가 모셔다드렸는디

그렇잖아도 이 기사 양반은 이미 돌아가기로 작정하고 있었다. 귀가 가고 눈이 어두워지는 노인네에게 짐짓 불퉁거려봤을 뿐이다. 갈수록 물팍이 애리고 한 해가 다르게 땅바닥을 향해 굽어가는 노인네 허리를 보면서 기사 양반 가슴도 짠하고 애린 것이다. 내 엄니가 아니면 결코 나올 수 없는 행동이다. 멀리 떨어져 있어도 자식 같은 기사 양반 있어 마음이 놓인다. 갈수록 농촌에 사람이 줄고 찬 바람만 휑할지라도 이렇듯 서로의 등을 따뜻하게 데워 설 수 있는 곳, 이 아침의 시 한편이 우리 지친 가슴을 엄니 계신 고향으로 데려가 준다.

쉰

박남준

그리움도 오래된 골목 끝 외딴 감나무처럼 낡아질 수 있을까
흘러온 길이 끝나는 곳 세상의 모든 바다가 시작되는 그 곳
밤새 불빛 끄지 않고 뒤척이며 깜박이는 등대 같은 것

한창 파릇파릇 피어나던 이십대에는 '쉰' 이란 나이가 평안함의 대명사처럼 여겨졌다. 그 때쯤 되면 세상사 고민과 번뇌 훌훌 벗어 마냥 가볍고 고요해질 수 있을 줄로 믿었다. 그러나 벌써 쉰 고개를 넘어온 지 몇 해. 두고 온 그리움과 못 가본 아쉬움들은 주렁주렁 매달려 무겁기만 하고, 쉬지 않고 달려온 길은 이제 끝나는가 싶더니 거기 망망한 바다를 펼쳐놓고 있더라. 오늘도 나는 초라한 거룻배 가득 식솔들을 태우고 짜그락짜그락 노 저어 간다. 그래도 막막한 밤이면 밤새 잠 못 들고 깜박여주는 불빛, 이 고해의 바다 무사히 건너자고.

햇무덤

문태준

까마귀가 한 마리 또 두 마리 울며 날아가
죽은 나무에
나무의 폐에
흉탄처럼 내려앉은

슬픈 九天

여자는 식전바람에 곡을 하고 내려갔네

누군가 치대다 급한 일 보러 가
덩그러니 남겨진
반죽처럼

또,
마르는
햇무덤

간혹 예기치 않게 맞닥뜨리는 죽음은 우리를 무척이나 당혹스럽게 한다. 망자와 미처 작별할 준비도 하지 못한 채 갑작스레 겪게 되는 죽음이란 정수리를 세게 얻어맞은 듯 얼얼하고 막막하기만 하여 삶의 갈피를 놓아버리게도 만든다. 하지만 대부분의 죽음은 생과 사가 미처 분리될 겨를도 없이 연속되는 삶의 한 장면으로 삽입된다. 겨울 한낮, 점심 수제비를 빚다말고 급히 뛰쳐나간 어머니가 부뚜막에 남겨놓은 밀가루 반죽 같은 무덤 하나 덩그렇게 생겨나고, 삶은 또 계속된다. 매년 햇곡식이나 햇과일이 열리듯 죽음도 끊임없이 새로 태어나는 것이다.

절대루

윤재철

백일장 사생대회 있는 날
내일은 절대루 늦지 마라
하나가 늦으면
모두가 늦게 입장하게 된다
신신당부하고
동물원 앞에 몇 시에 모이라 하면
늦은 놈이 있다
화가 나서
엎드려뻗쳐 시키다 보면
끝내 말하지 않지만
중풍으로 쓰러진 제 어미
죽 끓여 떠먹여 주고
기저귀 갈아 채워 주다 늦는 놈이 있다

절대루라는 말이
정말로 우습다

세상에 절대루 있을 수 없는 일이란 없다. 그럼에도 불구하고 우리는 끊임없이 단정 지으며 살아간다. 절대루 상종 못 할 인간이라 금을 긋고, 절대루 용납 못 할 일이라 못을 박으면서. 하지만 세상일이란 게 어디 그러하던가. 우리가 예측할 수 없는 일도 언제든지 일어나게 마련이고, 더러는 부득이한 상황이라는 것도 얼마든지 존재하는 법. 그러니 이제 그만 우리 마음의 금도 좀 지워내고, 울타리 꽝꽝 박아놓은 못도 뽑아버리고, 그렇게, 느슨하게 좀 살아보는 건 어떨까.

제2부
자신의 그림자 길동무 삼아

혼수

손세실리아

산업연수원생 자격으로 한국에 와
사랑에 빠진 타잉 홍과 남 프엉은
둘 만의 부부서약을 마친 뒤
쪽방 얻어 신방 차리기로 합의했는데
본국에 송금하고 월세내고 나니
빈털터리인 거라
최소한의 세간 장만할 여력조차
막막한 거라
궁리궁리 끝에
공단 인근 모텔 빈 객실에 잠입해
집기 훔쳐 나오다 붙잡혀
경찰서로 넘겨졌는데
장물내역을 기록하던 경장
쯧쯧… 쯧쯧…… 혀만 차는 거라

신랑은 긴 생머리 신부를 위해
헤어드라이기와 업소용 샴푸린스를

신부는 잠 많은 신랑을 위해
디지털 알람 벽시계를

이건 영락없는 오 헨리의 한국판 '크리스마스 선물' 이 아닌가. 여자는 긴 머리칼을 잘라 남자의 시곗줄을 사고, 남자는 아끼던 시계를 팔아 여자의 빗을 산다는 두 연인의 가슴 찡한 이야기. 사랑이란 이렇듯 나보다 먼저 상대를 생각하는 마음이 우선인 것. 부디 머나먼 이국땅에 돈 벌러 와 경찰서를 예식장 삼아 신접살림을 차린 타잉 홍 남 프엉 부부여, 찬바람 한 점 숨 돌리고갈 틈도 없을 서너 평 쪽방이지만 서로의 체온을 보듬어 이 겨울 따뜻하고 행복하기를. 훗날 알콩달콩 단란한 가정 일구어 옛날 얘기로 환하게 웃을 수 있는 그날이 꼭 오기를.

수첩을 정리하며

박일환

낡은 수첩에 적힌 이름들을
새 수첩에 옮겨 적는 일로
한 해를 시작한다 늘 그랬듯이
몇몇 이름들이 빠져나간 자리에
작은 구멍들이 생기고

구멍을 빠져나온 이름들이
천천히 망각의 강을 건너는 동안
새로 나타난 이름들이
빈 구멍들을 메워 가리라

내가 수첩을 정리하는 동안
누군가의 수첩에도 구멍이 생기고
그 구멍을 빠져나온 내 이름이
새로운 구멍을 찾아다니리니

더 이상 키가 자라지 않던 순간부터 시작된

이 무미건조한 작업이 끝나는 날
내가 돌아갈 구멍은 어디에도 없으리라

그 날의 쓸쓸함을 위해, 새해여
나는 너에게 무엇을 바쳐야 하겠니
그 동안 버린 낡은 수첩들만큼이나 두꺼워진
내 얼굴을 갈고 닦는 일 말고
열심히 갈고 닦아 투명해지는 일 말고

바람처럼 또 한 해가 흘렀습니다. 잠잘 날 없는 바람은 사정없이 온몸을 할퀴고 가고, 더러는 상처 난 가슴을 어루만져 눈물을 닦아 주기도 하였습니다. 그렇게 몸에는 또 몇 개의 빈 구멍들이 생겨나고, 바람이 데려다 준 새 이름으로 빈 구멍을 채우기도 하였습니다. 하지만 갈수록 헐거워지는 구멍들을 딱 들어맞게 메우기란 쉽지 않습니다. 열심히 얼굴을 문질러 투명하게 갈고 닦아보기도 하지만 우리 돌아갈 맞춤한 구멍은 어디에도 없으니 이 또한 쓸쓸한 일입니다. 그 채워지지 않는 쓸쓸함을 위하여 이 아침, 방금 솟은 따끈한 햇덩이 하나씩 품어 가시기 바랍니다.

고구마

이웅인

엉덩이로 그냥 막 기는 거야. 기다가 언덕을 만나면 손을 쫙 뻗어. 손에서 뿌리가 나올 거야. 누구든 만나면 손 잡고 막 달려 봐. 싫다면 네 맘대로 지그재그도 좋고, 뒷걸음질쳐 봐. 뒤죽박죽 얽혀 춤이라도 어지럽게 추어 봐. 온 세상이 네 거야. 찬바람 불어 손가락 마디마디 뚝뚝 꺾여도 괜찮아. 된서리 맞아 탱탱한 피부 찌그러지고 뭉개져도 좋아. 시든 몸뚱이 쇠죽솥에 들어가도 걱정 마. 땅 속에 숨겨 놓은 거 있잖아. 고구마.

둑길을 내달리며 깔깔대는 아이들을 본다. 참 오래된 풍경이다. 저렇게 무턱대고 즐거웠던 게 언제였나. 어린 시절 동네골목마다 넘쳐나던 아이들은 또 어디로 갔나. 놀이터에도 없고 들판에도 안 보이네. 학원에 공부하러 갔나. 게임기 앞에 머리 박고 앉았나. 아, 그러고 보니 고구마 밭에 다 와있었네. 그래, 그렇게 거침없이 한번 달려보는 거야. 공부 좀 못하면 어떻고, 찌그러지고 못났으면 또 어때. 땅속 깊이 묻어둔 고구마가 있잖아. 단단하고 잘 여문 꿈 하나 여기 있잖아.

나뭇가지를 얻어 쓰려거든

이정록

먼저 미안하단 말 건네고
햇살 좋은 남쪽 가지를 얻어오너라
원추리꽃이 피기 전에 몸 추스를 수 있도록
마침 이별주를 마친 밑가지라면 좋으련만
진물 위에 흙 한 줌 문지르고 이끼옷도 입혀주고
도려낸 나무 그늘, 네 그림자로 둥글게 기워보아라
남은 나무 밑동이 몽둥이가 되지 않도록
끌고 온 나뭇가지가 채찍이 되지 않도록

바야흐로 군불 지핀 뜨뜻한 아랫목이 그리워지는 계절이다. 산에 가 나무라도 한 짐 해다 그득 쌓아올리면 시린 겨울, 그나마 훈훈해 질 것도 같은데. 그러나 입장 바꿔 생각해 보면 나무에게는 제 생살이 뭉텅 잘려나가는 일. 그래서 시인은 당부한다. 이왕이면 '햇살 좋은 남쪽가지' 나 '이별주 마친 밑가지' 같은 덜 아플만한 곳을 선택하라고, 쉬이 아물지 않는 상처에는 흙 한 줌 문질러 덧나지 않는 둥근 그림자 되어주라고, 그래야 몸을 떠난 나뭇가지도 고단한 영혼들을 데워주는 따뜻한 땔감이 되어줄 것이므로.

족필足筆

이원규

노숙자 아니고선 함부로
저 풀꽃을 넘볼 수 없으리

바람 불면
투명한 바람의 이불을 덮고
꽃이 피면 파르르
꽃잎 위에 무정처의 숙박계를 쓰는

세상 도처의 저 꽃들은
슬픈 나의 여인숙

걸어서
만 리 길을 가본 자만이
겨우 알 수 있으리
발바닥이 곧 날개이자

한 자루의 필생의 붓이었다는 것을

제주 올레길, 지리산 둘레길, 부산 갈맷길… 바야흐로 길의 전성시대다. 이제 더 이상 길은 어딘가로 가기 위한 과정이나 수단만이 아니다. 길을 걷는 것 자체가 목적이 되기도 한다. 이원규 시인에게 길은 고행과 저항의 몸짓에 다름 아니었다. 이 땅의 생명들에 평화가 깃들기를 바라는 간절함을 담아 오체투지로 국토를 걸어간 그야말로 진정한 순례꾼이다. 그런 그의 시에는 그간의 아픈 발자국들이 고스란히 찍혀 있다. 해지고 까져 굳은살 박인 발바닥과 어느새 평화의 날개를 달고 날아오른 그의 시들이 안이하게 주저앉으려는 우리네 삶을 일깨우고 간다.

바퀴

— 속도에 대한 명상5

반칠환

우리는 너 나 없이 세상을 굴러먹고 다닌다
아버님, 오늘은 어디서 굴러먹다 오셨나요
아들아, 너는 어디서 굴러먹다 이리 늦었느냐
여보, 요즘은 굴러먹기도 예전 같지 않아요
이거, 어디서 굴러먹다 온 뼈다귀야

바퀴를 타자 우리 모두 후레자식이 되어 버렸다

바람 부는 밤거리를 굴러먹다 들어와 보니 아이들은 아직 귀가 전이다. 학원으로, 어디로, 아직도 굴러먹고 다니는 모양이다. 아이들은 아이들대로 달리고, 어른들은 어른들대로 질주하는 세상. 새벽같이 일어나 한밤중까지 꼬박 굴러다녀도 사는 건 나아질 줄 모르고, 바퀴가 빨라질수록 허기는 더 가속도가 붙는다. 사장님들은 사장님들대로 빈털터리들은 또 빈털터리들대로 허기가 채워지지 않는다. 이미 브레이크가 풀려버린 바퀴를 누가 어떻게 멈출 것인가. 온몸을 속도에 맡긴 채 우리 모두 후레자식으로 달려야 살아남는 이 바퀴의 시대. 시를 붙잡고 한참을 낄낄거리다 보니 눈물이 남는다. 지독한 페이소스다.

진미 생태찌개

고두현

마포 용강동 옛 창비 건물 맞은편에
진미 생태찌개집이 있는데요
일일이 낚시로 잡아 최고 신선한 생태만 쓴다는
술 마신 다음날 그 집에 사람들 모시고 가면
자리 없어 한 시간쯤 기다렸다 먹기도 하는데요

한 사람은 거참 좋다 감탄사를 연발하고
또 한 사람은 아무 말없이 숟가락질 바쁘고
다른 한 사람은 감탄사와 말없음표 번갈아 주고받다
이 좋은 델 왜 이제야 알려주느냐고
눈 흘기며 원망하는 집이지요

가끔은 생태 입에서 낚싯바늘이 나오기도 한다는
그 집 진미 생태찌개처럼
싱싱하고 담백하면서 깊은 맛까지 배어나는

한 사람이 그 양반 참 진국일세 칭찬하고

또 한 사람이 아무 말이 필요 없는 사람이라 하고
다른 한 사람은 왜 이제야 만났느냐고 눈 흘기는
그런 사람이 바로 나였으면 좋겠다고 생각하는
그 집을 저는 아주아주 좋아합니다

몇 년 째 벼르면서도 아직 그곳에 가보지 못했다. 용강동 한국작가회의 사무실 가다보면 길 하나 건너 맞은편에 있는 진미생태찌개 그 집. 말이 그렇지 싱싱하고 담백하면서 깊은 맛까지 우려내는 일이 어디 쉬운가. 널린 게 식당이고 걸리는 게 사람이라도 어쩌다 진국을 만나는 일이란 또 얼마나 살맛나는 행운인가. 하지만 가장 어렵고도 복된 일은 내가 누군가에게 진국이 되는 일. 누군들 그렇지 않으랴만 왜 우리 이제야 만났느냐고 눈 흘김 당하는 그런 사람이 바로 나였으면, 나도 정말 좋겠다.

가만 있자 그러니까 그게 거, 할 때의 그 가만 있자에 대하여

조재도

어떤 말이 저렇게 깨달음의 등불을 오롯이 드러낼까
어떤 말이 저렇게 강물처럼 흘러 순간마다 빛날까
어떤 말이 늘 서서 걸으며 달려가는 우릴 멈추게 하겠는가
그 자리에 멈추어, 앉아, 되돌아보게 하겠는가
가만 있자의 그 순간이 어디
사람에게만 있겠는가
소주집에 앉아 씩둑거리는 사람에게만 있겠는가
날아오를 자리 가늠하며 대가리 까댁이는
미루나무 꼭대기의 저 까치에게도
추춤대며 개천 다리 건너오는
오늘 아침 샛강의 자욱한 안개에도
그러니까 그 자세, 가만 있자의
낮은 걸음 자세는 깃들어 있는 것이다

왜 아니겠는가, 한순간 불티처럼 튀어나온 그 깨달음에
극極으로 치닫던 마음이 돌아앉는다

제 몸 진저리치며 세우는 그 자리에
고양이
쥐의 일에
슬퍼도 하고
밭에서 돌아온 소가
부어오른 제 발등을 핥기도 한다

어느 말이 저렇게 어두운 골방에서
맹렬히 타오르는 담뱃불이겠는가

인디언들은 두어 시간쯤 말을 타고 달리다 잠시 멈추고는 귀 기울여 뒤를 돌아본다고 한다. 서둘러 질주하는 육신 때문에 미처 따라오지 못하고 뒤처진 영혼을 기다려주는 행위란다. 얼마나 경건한 의식인가. 이 시를 처음 보았을 때, 매순간 자신의 삶을 성찰하며 사는 인디언들의 모습이 떠올랐다. 앞선 사람의 뒤통수를 따라잡지 못할까 두려워 허겁지겁 쫓아가기 바쁜 우리네 인생. '가만 있자 그러니까…' 라는 말이 어디 머뭇거린다는 의미만 있겠나. '가만 있자' 의 그 시간만큼이라도 자신을 돌아보고 타인을 살펴보라는 진정한 가르침이 이 말 속에는 들어있지 않은가.

투명새우

김수우

책을 꽉 끌어안고 고등학교를 중퇴한,
원양어선 하급선원이 된,
기름복 빨래뭉치를 안고오던,
기관사면허증 따려 밤샘하던,
북태평양 대서양 아라비아 뱃길을 빗방울처럼 돌아오던,
배에서 내려 경비원을 하던,
이제 설거지를 하고 분리수거에 정성인,
팔순 아버지
딸네 집에 갈일 없을까 두리번거리는,
굽은 몸뚱이가 우리 민족사인 줄 모르는,

변두리 보도블럭 빗길에 떨어져 있는,
근방 포장마차에서 흘렸을,
새우 한 마리
어울리지 않게 투명한 분홍 속살 비치는,
평생을 사랑이라는 낯선 이름에 투신한,

아비라는 이름은 늘 투구와 갑옷으로 무장하고 세상이라는 전장(戰場)에서 고군분투하도록 태어난 존재들이다. 여기 평생을 지고 온 등짐으로 하여 몸뚱이가 굽어버린 팔순의 아비가 계시다. 젊은 시절엔 학업을 포기한 채 원양어선을 타고 떠돌았으나 이젠 배를 탈 수도 없고, 경비원조차 할 수 없는 처지의 아버지. 더 이상 무거운 갑옷을 걸치고 밖으로 나갈 수 없게 되자 설거지를 하고 분리수거에 정성을 쏟으며 두리번거리는 아버지. 그 아버지 마침내 분홍 속살 훤히 비치는 투명새우가 되었다. 일생을 두고 투신한 아비의 사랑이 빗물처럼 스며드는 아침.

늙은 식사

양문규

숭숭 구멍 뚫린 외양간에서
늙은 소 한 마리 여물을 먹는다
인적 드문 마을의 슬픈 전설
허물어진 담장 위에서
캄캄한 어둠 속으로 흘러내린다
한낮의 논배미 출렁이는 산그림자를
되새김질하듯 물 한 대접 없이
우직우직 여물을 먹는다
어두워지는 때 무엇을 먹는다는 것은
그리움을 찾아 나선다는 것
따순 햇살 흠뻑 먹은 들녘으로
뚜벅뚜벅 걸어나가고 싶은,
우리 아버지 뜨뜻한 아랫목에서
벌겋게 밥 비벼 먹는다

들일을 끝내고 돌아온 아버지가 늦은 저녁을 드신다. 저물도록 논밭을 갈았을 늙은 누렁소도 하루를 되새김질하듯 벌겋게 밥 비벼 여물을 먹는다. 왼 종일 붙어있던 시간도 모자라 밥 한 숟갈 입에 넣을 때마다 순한 눈 들어 서로를 바라보신다. 맑고 큰 눈망울들 씀벅거린다. 숭숭 가슴에 구멍이라도 뚫린 듯 먹어도 먹어도 허기만 몰려오는 생의 저물녘. 어느덧 하나가 되어버린 저 두 생은 이제 땅거미 서늘한 둔덕을 함께 내려가야 할 가장 든든한 도반이 되었다. 서로의 목덜미 어루만지며 뚜벅뚜벅 저무는 노을 속을 걸어가리라.

눈 녹다 눈 녹다

강은교

세상엔 눈 녹는 소리 가득하다
녹지 않겠다고 야단, 야단, 사라지고 싶지 않아요, 고함, 고함들
세상엔 눈 녹는 소리 가득하다
아야아

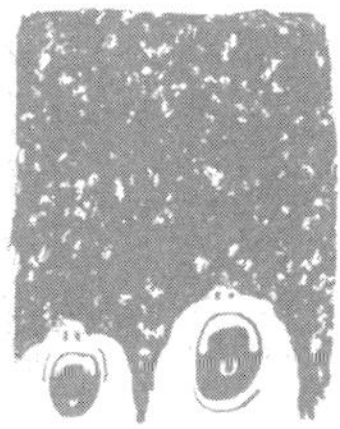

소란스럽고 떠들썩하다. 북적거리는 시장통도, 와글와글 떠다니는 초등학교 교실도, 빵빵 경적을 울려대는 찻길도 아닌데 말이다. 천지에 눈 내려 고즈넉하기만 할 것 같은 풍경이 이렇듯 야단법석이라니. 시인의 귀에는 세상을 덮어버린 하얀 솜이불 속에서도 아우성 소리 들리나 보다. 그러고 보니 그럴 것도 같다. 세상의 모든 소음들을 받아 안으며 '괜찮다, 괜찮다' 고 싸안아 준 눈송이들, 그리고 그 속에 살아있던 수많은 존재들의 마지막 부르짖음! 바쁜 일상 잠시 접고 시인의 말에 귀 기울여 보시라. 사라져가는 것들의 여린 비명 소리가 들리지 않는가.

탈선脫線

조향미

내 몸에 줄줄이 달린 선을 뽑는다
뭣보다 먼저 핸드폰을 던져두고
시계도 풀어놓고
승용차 따윈 물론 세워둔다
태양에 꽂은 전선電線만 남겨두고
배낭 하나로 집을 나선다
훌훌 씨방 떠난 풀씨처럼
이제 어디에 닿을지 모른다
줄을 벗어났으니
광막한 공간이 나를 품어줄 것이다

우리는 도대체 얼마나 많은 선들을 치렁치렁 걸치고 사는가. 몸 구석구석을 선으로 연결한 채 기계장치에 제어당하고 있는 사이보그. 공상과학영화에서나 만남직한 그 모습이 지금 우리의 자화상은 아닐런지. 뿐인가. 이런저런 관계들과 무슨무슨 코드 망으로 연결된 우리네 삶은 개인의 시간과 공간을 완전히 저당 잡아 버리지 않았나. 하여 가끔은 스스로를 풀어도 볼 일이다. 그동안 알게 모르게 연결시켰던 문명의 선들 다 뽑아 버리고 드넓은 야생의 품으로 날아가 보자. 태양빛을 유일한 네비게이션 삼고 자신의 그림자 달랑 길동무 삼아.

행복

박영희

저녁상 물리고 옥상에 오른다

며칠 전 통닭에 묻어온 은빛돗자리를 깔고 세 식구 누우니 시멘트 바닥은 장작 지핀 아랫목처럼 뜨끈뜨끈하고 칠월 저녁 바람에 빨랫줄은 살랑살랑 그네를 탄다

저어기 저것은 지구의 외아들 다알!
저어기 저것은 우주의 미인 그음성!

빈둥대는 한량으로 누운 나는 나하고 눈맞춤하자며 깜박거리는 머언 나라의 별만 헤면 된다

천체물리학자 칼 세이건은 보이저 1호가 태양계 바깥에서 보내온 지구 사진을 보고 '창백한 푸른 점(Pale Blue Dot)' 이라 이름 붙였다. 우주 속의 티끌 한 점이 지구라는데, 인간은 그 속에서 울고 웃으며 아옹다옹 살고 있는 것이란다. 그러고 보면 천억 개의 은하 중 한 점인, 지구라는 행성에 돗자리 깔고 나란히 누운 이들의 관계야말로 얼마나 기막힌 인연인가. 행복이라는 것 또한 별 게 있겠나. 따뜻한 저녁상 물리고 옥상에 올라, 나와 눈맞춤하자고 깜박거리는 밤하늘의 별이나 헤아릴 수 있으면 족한 것을. 저 별은 나의 별, 저 별은 너의 별…

꼴림에 대하여

함순례

개구리 울음소리 와글와글 칠흙 어둠을 끌고 간다
한 번 하고 싶어 저리 야단들인데
푸른 들녘마저 점점이 등불을 켜든다

내가 꼴린다는 말 할 때마다
사내들은 가시내가 참… 혀를 찬다
꼴림은 떨림이고 싹이 튼다는 것
무언가 하고 싶어진다는 것
마음속 냉기 풀어내면서
빈 하늘에 기러기 날려보내는 것

물오른 아카시아 꽃잎들
붉은 달빛 안으로 가득 들어앉는다

꼴린다,
화르르 풍요로워지는 초여름 밤

먹고 싶고, 갖고 싶고, 하고 싶고… 지나친 욕구는 삶을 파멸로 가져가기도 하지만 '싶은' 게 없는 삶이야말로 간 되지 않은 밍밍한 국물과 다를 게 없다. 예전엔 노인들에게서나 들을 법 하던 '암껏도 묵고 잡고, 하고 잡은 게 없다'는 푸념을 요즘은 젊은 청춘들한테서 많이 듣는다. 하고 싶은 것, 되고 싶은 것이 너무 많아서 탈이었던 우리 세대와는 사뭇 다른 모습이다. 청춘들아, 우리 한번 꼴려보자. 자고로 하고 싶은 데에는 이유가 없다고 했다. 생각만으로도 가슴 두근거리고, 몸 속 피돌기가 마구 빨라지고, 인생이 살만하다고 느껴지는 그것. 이 아침 당신은 어디에 끌리는가, 무엇에 꼴리는가.

버릇

박성우

눈깔사탕 빨아먹다 흘릴 때면 주위부터 두리번거렸습니다 물론, 지켜보는 사람 없으면 혀끝으로 대충 닦아 입속에 다시 넣었구요

그 촌뜨기인 제가 출세하여 호텔 커피숍에서 첨으로 선을 봤더랬습니다 제목도 야릇한 첼로 음악을 신청할 줄 아는 우아한 숙녀와 말이에요 그런데 제가 그만 손등에 커피를 흘리고 말았습니다 손이 무지하게 떨렸거든요

그녀가 얼른 내민 냅킨이 코앞까지 왔지만서도 그보다 빠른 것은 제 혓바닥이었습니다

세 살 버릇 여든까지 간다는 말은 맞는 말이다. 이 시인을 만나보면 안다. 우리 만난 지 어느덧 십수년을 훌쩍 넘어가지만 그가 간직한 모든 것들은 한결같다. 천성적으로 순결함이 묻어나는 얼굴, 툭 건들기만 해도 울음이 터질 듯한 커다란 눈망울, 어쩌면 태생적으로 촌것을 못 벗어날 것 같은 버릇들까지. 만년 총각 딱지가 너무도 자연스럽게 어울리던 천상 시인의 모습이더니 그동안 천생연분은 곁에 꼭꼭 숨어있었나 보다. 그것도 교양과 지성을 두루 갖춘 선녀의 자태로. 그러기에 촌것의 버릇도 저리 이쁘게 싸안아 아이 낳고 알콩달콩 깨같이 잘 산다는 소식이 여기까지 전해오는 것이겠지. 口

제3부

또 하나의 산으로 우두커니 앉아

산경

도종환

하루 종일 아무 말도 안 했다
산도 똑같이 아무 말을 안 했다
말없이 산 옆에 있는 게 싫지 않았다
산도 내가 있는 걸 싫어하지 않았다
하늘은 하루 종일 티 없이 맑았다
가끔 구름이 떠 오고 새 날아왔지만
잠시 머물다 곧 지나가 버렸다
내게 온 꽃잎과 바람도 잠시 머물다 갔다
골짜기 물에 호미를 씻는 동안
손에 묻은 흙은 저절로 씻겨 내려갔다
앞산 뒷산에 큰 도움은 못 되었지만
하늘 아래 허물없이 하루가 갔다

가끔 모든 걸 손 놓고 앉아 아무 말도 안 하고 싶을 때가 있다. 허나 세상과 더불어 살면서 온종일 한 마디도 안 하고 산다는 게 어디 가당키나 한 일인가. 더구나 말로 먹고 살아가는 나로서는 산방에 든 시인의 처지가 무척 부럽기만 하다. 무던한 산 곁에 또 하나의 작은 산으로 우두커니 앉아 있는 시인이야 말로 '자연' 그대로의 모습이 아닌가. 우리도 가끔은 자신과 마주앉아 사물과 풍경과 시간까지 나를 관통해 흘러가도록 풀어놔 보자. 마음속에 들끓던 희로애락의 모든 감정들 또한 지나가리니.

아버지

표성배

이월이었다 일천구백칠십구 년 마산에는 눈 대신 비가 내렸다 빗속에 키 작은 한 소년이 공장에서 먹을 도시락을 들고, 책가방 든 아이들과 뒤섞여 시내버스를 기다리고 있었다 조금 떨어진 곳에서 시내버스를 기다리며 한참을 바라보던 중년의 사내가 가만히 우산을 내려쓰고 있었다

그 키 작던 소년 어느새 불혹의 나이를 지나 지천명을 향하고 있다. 그동안 한눈 한번 팔지 않고 죽어라 달려 선반 경력 십년, 밀링 경력 십년, 연마 경력 십년의 이력을 새겼다. 그리고 시인이 되었다. 그때 만약 갈림길에서 도시락 보자기 대신 책가방을 들었더라면 소년의 인생은 어떻게 달라졌을까. 권력을 쥔 검판사가 되어 있을까. 재물을 쥔 회사 사장이 되어 있을까. 생각건대 그때 만약 그가 그랬더라면 이 짠하고 아름다운 시들과 중년 아버지의 눈빛을 가슴에 돋을새김하고 살아가는 가슴 따뜻한 시인은 태어나지 않았을지도 모른다.

인연

김해자

너덜너덜한 걸레
쓰레기통에 넣으려다 또 망설인다
이번에 버려야지, 이번에 버려야지, 하다
삶고 말리기를 반복하는 사이
또 한 살을 먹은 이 물건은 1980년 생
연한 황금색과 주황빛이 만나 줄을 이루고
무늬 새기어 제법 그럴싸한 타올로 팔려온 이 놈은
의정부에서 조카 둘을 안아주고 닦아주며 잘 살다
인천 셋방으로 이사 온 이래
목욕한 딸아이 알몸을 뽀송뽀송 감싸주며
수천 번 젖고 다시 마르면서
서울까지 따라와 두 토막 걸레가 되었던
20년의 생애,
더럽혀진 채로는 버릴 수 없어
거덜난 생 위에 비누칠을 하고 또 삶는다
화염 속에서 어느덧 화엄에 든 물건
쓰다쓰다 놓아버릴 이 몸뚱이

어제는 설이라고 뿔뿔이 흩어져 살던 피붙이들 다 모였겠다. 엊그제 새로 맺은 인연들부터 오래 묵어 너덜너덜해진 수건들까지 한 집에 모여 그런 난리 북새통이 따로 없었겠다. 하하 호호 지나 아옹다옹 지지고 볶으며 수천 번 젖고 마르다 보면 어느덧 화염 속에서 노을빛 화엄에 들 인연. 갈수록 세상은 찬바람 불고 버석거려도 걸레가 되어버린 그 수건 함부로 버리지 않았으면 좋겠다. 그 인연의 씨줄과 날줄 틈날 때마다 삶고 비누칠하여 뽀송뽀송 질기게 이어갔으면 정말 좋겠다.

매화를 그리다

성선경

봄은 암행어사 출두같이 그렇게 온다고
밤새 판소리 춘향가를 몇 판이나 듣다가

이제 겨우 시(詩) 한 편 탈고했다고
쭉 기지개를 켜는 저 가지 끝
새벽닭 울음소리에
별 하나 화들짝 놀라 잠을 깬다

쿡 쿡 쿡
눈 위에 찍힌 호랑이 발자국

요 며칠 날씨는 봄의 문턱을 넘은 듯 포근하고, 남쪽에서는 어느덧 꽃소식이 들려온다. 유난히도 추웠던 날씨에 구제역까지 겹쳤던 터라 선선하게 와 닿는 봄바람이 더욱 반갑기만 하다. 겨울을 나느라 힘든 건 사람만이 아니었을 터, 뒤뜰의 매화나무는 안녕하신가 모르겠다. 혹 나보다 더 성격 급한 놈이 있어 밤새 고드름 토막 같은 가지에 팝콘 같은 꽃송일 매다느라 잔뜩 용쓰고 있는 건 아닌지. 그렇게 쭈욱 기지개를 켜는 가지 끝에 시인도 힘들여 꽃 한 송이 피워 올렸다. 매화꽃도 같고, 호랑이 발자국 같기도 한 시 한 편.

눈이 내리는 까닭

복효근

실내에서 기르던 제비꽃이
꽃을 맺지 아니하거든
냉장고에 하루쯤 넣었다가 내놓으라고 합니다
한겨울 추위에 꽁꽁 얼어보지 않은 푸나무들은
제 피워낼 꽃의 형상을 기억하지 못하기 때문일까요
차고 시린 눈이 꽃처럼 내리는 것은
바로 그 까닭입니다
잠든 푸나무 위에 내려앉아
꽃의 기억들을 일깨워줍니다
내 안의 꽃들을 불러외우며
나 오늘 눈 맞으며 먼 길 에돌아갑니다

바야흐로 졸업시즌입니다. 졸업식장에 펄펄 내리는 함박눈을 맞으며 소녀들은 말했습니다. '졸업식 날 눈이 내리니 왠지 축복 받은 거 같아요. 앞으로 좋은 일이 많이 생길 거 같기도 하고….' 눈속에 깔깔거리며 연신 셔터를 눌러대는 얼굴에는 어느새 새하얀 꽃봉오리가 함초롬히 피어나고 있었습니다. 정말 그래서 눈이 내린 건지도 모르겠습니다. 온실의 화초처럼 연약하기만 하던 그네들에게 제가 피워낼 '꽃의 형상' 을 떠올리게 하려고 말이지요. 차고 시린 인고의 시간을 견뎌낸 푸나무만이 비로소 꽃을 피워 올리듯, 우리를 관통해 간 아픔의 기억들을 떠올려 자신들만의 꽃송이를 한 잎 한 잎 빚어보라고 말이지요.

달 궁뎅이

박제영

살다보면 이런 일도 있는 거다

술반물반 오줌 누는데
— 아저씨 똥꼬 닦아줘

돌아보면 서너 살쯤 되는 계집애,
달덩이 까들고 있는 거다
— 엄만 어디 가셨니
— 몰라 빨리 닦아줘

웃을 수도 없고 울 수도 없고 똥꼬를 닦아주는데,
아이 엄마 뛰어오는 거다
— 지금 뭐하는 거예욧!
— 뭐 하다니 보면 모르는가, 당신 아이 똥 닦아주고 있잖은가
이 여자 나를 아래 위로 훑으며 별 일 다 있다는 표정이다

포장마차로 돌아와 혼자 웃고 마는데
술을 따라 주던 친구 녀석 실없이 왜 웃냔다
— 술잔에 달 궁뎅이가 빠졌잖아
천막 틈으로 달이 출렁거리는 거다

그렇지요, 살다보면 그런 일도 있는 거지요. 엊그제는 한밤중에 빙판길을 헤매는 노인을 집까지 모셔다 드린 일이 있지요. 우연히 거길 지나는데 잔뜩 취한 노인네가 느닷없이 팔에 와 매달리는 거였어요. 뭐라뭐라 웅얼거리는 소리를 맞춰보니 집 좀 찾아달라는 말씀. 엎다시피 부축해가며 연세를 물었더니 칠십 아홉이래요. 물어물어 집을 찾아갔더니 날 무슨 치한쯤으로 여겼는지 잔뜩 경계하는 눈빛으로 할머니 나와 섰더라구요. 할머닐 보더니 갑자기 정신이 든 할아버지를 인계하고 돌아서는데 나이를 물어요. 오십 서이라고 했더니, '한창이네, 조오흘 때다' 를 합창하는 거예요. 한창이라, 자꾸만 실실 웃음이 났어요. 때마침 정월 대보름달까지 따라와 마음 속 가득 출렁거렸지요.

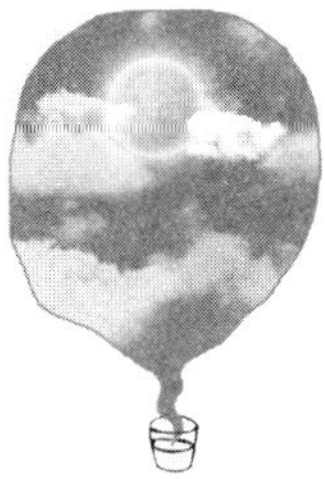

백반천국

이은봉

24시간 편의점이 아니다 24시간 밥집이다 백반천국이다 천국처럼 언제나 불빛 환한 식당이다

자정이 넘은 시간, 죽음을 넘어서기 위해, 죽음과 친해지기 위해, 죽음을 먹기 위해 천국의 밥상 앞에 앉는다 또다시 독상이다

아무도 살지 않는 천국, 달그락거리는 젓가락질 소리만 들린다 가끔은 묵은 신문 뒤적이는 소리도 들린다

어제에서 오늘로 넘어가기 위해 먹어치우는 한 공기의 밥, 두 접시의 나물, 한 대접의 국…… 밥상 위의 반찬들 주둥이 삐죽대며 웃는다

꾸역꾸역 저희들을 처먹는 모습이 저희들 보기에도 우스운 거다 우스워도 천국은 천국인 거다

혼자 먹어도 밥은 하늘이다 하늘을 사는 밑천이다 24시간 편의점이 아니다 24시간 밥집이다 백반천국이다 우리나라 사람은 밥심으로 산다고들 한다. 외로운 타향살이에도 수북이 담긴 흰쌀밥 한 공기에 뜨끈한 국물 한 대접만 있으면 또다시 내일을 살아갈 힘을 얻게 된다. 그러니 스물네 시간 환하게 불 밝히고 맞아주는 어머니표 밥집이야말로 어찌 천국이 아니겠는가. 하루하루를 우리는 죽음을 먹기 위해, 죽음을 넘어서기 위해, 그리하여 죽음과 친해지기 위해 밥숟가락을 든다. 오순도순 가족들과 둘러앉아 먹는 떠들썩한 밥상이 아니면 어떠랴. 목구멍으로 넘기는 하늘같은 밥알이야말로 그것만으로도 든든한 밑천이요, 천국의 양식인 것을.

센 놈

이진수

비얌이 우예 센지 아나
내사마 모르겠다 우예 센 긴데
참말 모르나 그놈이 센 거는
껍데기를 벗기 때문인기라
문디 자슥 껍데기 벗는 거하고
센 거하고 무신 상관이가
와 상관이 없다카나 니 들어 볼래
일단 껍데기를 벗으모 안 있나
비얌이 나오나 안 나오나
나온다카고 그래 씨부려 봐라
그라모 그기 껍데기가 진짜가
시상 새로 나온 비얌이 진짜가
문디 시방 내를 바보로 아나
그기야 당연지사 비얌이 진짜제
맞다 자슥아 내 말이 그 말인기라
껍데기 벗어던지고 진짜 내미는 놈
그런 놈이 센 놈 아이겠나

넘 몰래 안창에다 진짜 감춘 놈
그런 놈이 무서븐 거 아이겠나
어떻노 니캉 내캉 홀딱 벗어 뿔고
고마 확 센 놈 한번 돼 보까

갈수록 세상은 가면들이 판을 친다. 돈 가면, 몸 가면, 권력가면… 때로는 처세라는 명분으로 버젓이 가면 잘 쓰는 법이 권장되기도 하고, 가면 처리가 미숙한 사람들은 어리버리 입맛대로 이용당하기 일쑤다. 하지만 어디 포장만 잘한다고 장땡인가. 진짜 고수들의 내공이야말로 저 가려진 껍데기 뒤에 있었으니. 사람들아, 비얌이 징그럽다고 얼굴 돌리지들 마시라. 세상에 홀딱 벗고 진짜 알맹이 내미는 놈한테 당할 자 누가 있으리.

생각을 훔치다

김수열

꽃은
하늘 올려다보면서

올까
말까

비는
땅을 내려다보면서

갈까
말까

겸손한 시인들은 간혹 자신의 시집이 한 권의 받아쓰기 공책에 불과하다고 말하기도 한다. 가까이는 가족에서부터 주변의 이웃들과 우리를 둘러싼 세상의 수많은 소리들을 받아 적은 것이 시라는 뜻일 터다. 잘 아는 한 시인은 자기 시집의 판권 소유주는 시에 등장하는 무수한 타자들이라고 양심 고백을 하기도 했다. 그런데 여기 이 시인은 한 술 더 떠 타자의 생각까지 훔쳐내 시를 썼단다. 필까 말까 하는 꽃의 망설임과 내릴까 말까 하는 비의 주저하는 마음을 읽어버렸다는 것이다. 시인들에겐 사물을 보는 또 다른 눈이 하나 더 있다더니… 하지만 신은 공평하신가 보다. 불을 훔친 프로메테우스가 독수리에게 간을 쪼아 먹히는 형벌을 받았듯, 타자들의 생각을 훔친 시인에게는 매일 밤 고독한 글쓰기라는 천형을 짊어지게 했으니.

가슴의 서랍들

최승호

가슴이 있다는 것은 고통스럽다.
공포와 비애와 우울과 불안,
고독과 절망과 그리움,
그 모든 것이 하나의 가슴에 들어 있지 않은가.
가슴이 있다는 것은 고통스럽다.
그렇다고 가슴의 서랍들을 다 빼 버리고
텅 빈 가슴으로 살아갈 수도 없는 일.
벽돌은 가슴이 없다.
구름도 가슴이 없다.
가슴이 있다는 것은 고통스럽다.

내가 알고 있는 심한 험담 중엔 '에라, 가슴도 없는 놈' 이란 말도 있다. 이 말은 지극히 이기적이고 냉혈한이어서 다른 생명을 품어 줄 여유가 없다는 말이다. 그러나 가슴이 있어도 '공포 비애 우울 불안 고독 절망' 같은 감정으로 가득 차 있다면, 오히려 고통스러운 노릇이 아닐 수 없다. 심지어 '그리움' 까지도 한데 섞여 고통이 된다고 시인은 말하고 있다. 벽돌이나 구름에게는 없는, 인간이기에 감당해야 할 서랍 속 무수한 감정의 옷가지들. 허나 서랍 없는 가구가 밋밋한 나무토막에 지나지 않듯 고통을 품지 않고서야 어찌 진정 인간의 가슴일 수 있으랴.

꽃게

서영식

냄비 속에서 꽃이 핀다
딴딴한 등짝에서 욕창처럼 붉은
거품이 묵직하게 떠다니다
비명처럼 터진다

어미의 등짝이 꼭 저런 꽃등
온통 붉은 꽃등이었다

종種의 이름에 꽃을 달기까지
저 등짝도 얼마나 많은 꽃잎을
떨구어내었을까

피 묻은 상처를 닦아내듯
뭉개진 거품을 걷는다

붉은 등짝 위에서
꽃들, 피었다 진다

누군들 그렇지 않으랴만 어머니를 떠올리면 화려한 옷맵시와 고운 손마디는 없다. 떠오르느니 물 묻은 손과 안쓰러운 눈빛과 비어져 나오는 한숨들이다. 어느새 늙어 병들었거나 이미 오래 전에 세상 뜨신 어머니라면 더욱 그렇다. 세상 어디에도 자신의 포만과 영달을 위해 투신하는 어미는 없는 법. 자신의 여린 몸뚱이를 무기로 오로지 자식들을 위해 기꺼이 한 생을 던지는 밑거름이 있을 뿐이다. 그리하여 마침내 피딱지처럼 붉은 등짝 위에 피었다 지는 꽃, 어머니!

봄

윤효

가랑비 몇 줄기 지나갔을 뿐인데

밑동도 채 적시지 못하고 스쳐갔을 뿐인데

나무는 가지 끝이 잔뜩 부풀었다.

그 탱탱함 어쩌지 못하고 진저리를 치고 있다.

허망타, 한철 수행이 이렇게 무너지다니

또 한 차례의 수런거림이 누리에 자욱이 번져가겠다.

삼월이다. 겨우내 수행에 들었던 나무들의 뼈마디에서 우두둑 관절 풀리는 소리 들린다. 게다가 어제는 봄을 재촉하는 비까지 내렸다. 비의 뒤꽁무니에 꽃샘추위가 따라 붙는다는 예보도 있지만 무슨 대수랴. 얼음장 밑을 흐르는 개울물은 봄소식을 알리느라 부지런히 속살거리고, 이제 곧 탱탱한 소문을 따라 바람난 꽃소식은 몰려올 것이다. 잠시 허망타. 긴 동안거의 용맹정진이 이렇듯 한순간에 무너져 옷고름 풀게 하다니. 허나 또 어쩌랴. 한껏 부풀어 오른 이 몸은 온 누리에 번져나는 저 수런거림의 유혹을 도저히 뿌리칠 수도 없으니.

어느 오후

오세영

긴 겨울 방학도
속절없이 끝나는구나
내일 모레가 개학날인데
해 놓은 숙제는 아무 것도 없다.
입춘 되어
학교에 모인 나무들은
화사한 꽃잎, 싱싱한 잎새,
달콤한 꿀,
제각기 해 온 과제물들 펼쳐놓고 자랑이지만
등교를 하루 앞둔 나는 비로소
책상 앞에 앉아 본다.
사랑의 일기장은 텅 비었다.
베풂의 학습장은 낙서투성이
개학해서 선생님을 뵙게 되면
무어라고 할까
방학도 다 끝나가는 날,
이것저것 궁색한 변명을 찾아보는 노경老境
어느 오후.

어느새 개학일이 다가왔다. 학생 때도 그렇더니 선생을 하는 지금도 개학 전날은 늘 심란하고 허탈하다. 방학 동안 느슨하게 풀어놓았다가 이제 또 빡빡한 일상으로 돌아가야 한다는 부담 때문만은 아니다. 방학하던 날 세웠던 이런 저런 계획들 때문이다. '이번만은 꼭' 이라는 다짐을 해가며 방학을 맞아보지만 이만큼 와서 뒤돌아보면 학습장은 여전히 텅 비었고 곳간엔 쭉정이만 가득하다. 앞으로 나에게 남아있는 방학은 얼마나 될 것인지. 어느새 중천을 지난 햇살이 한발 한발 오후의 그림자를 끌고 다가오는 중이다.

물음

천양희

세 번이나 이혼한 마거릿 미드에게
기자들이 왜 또 이혼했느냐고 물었다
그때 그녀가 되물었다
"당신들은 그것만 기억하나
내가 세 번이나 뜨겁게 사랑했다는 것은
묻지 않고"

시 쓰는 어려움을 말한 루이스에게
독자들이 왜 하필 시를 쓰느냐고 물었다
그때 그가 되물었다
"왜 당신들은 그것만 묻나
내가 몇 번이나 간절히 무지개가 있는
세상에서 살기를 원했다는 것은
묻지 않고"

삶의 도처에서 우리는 수많은 질문과 맞닥뜨린다. 그 물음의 과녁은 대개 '당신은 왜 그런 짓을 하느냐'에 대한 추궁인 경우가 많다. 사랑의 순간을 뜨겁게 불태운 문화인류학자에게 왜 또 이혼했느냐 묻고, 무지개가 떠 있는 세상을 꿈꾸는 시인에게 왜 하필 힘든 시인의 길을 걷느냐 따진다. 결국 이들이 할 수 있는 답은 본질을 벗어난 다분히 변명 섞인 해명이 될 소지가 높다. 지혜의 핵심은 올바른 질문을 던질 줄 아는 것이라 했거늘, 내가 쏜 물음들 중 본질에 날아가 꽂힌 화살은 얼마나 될 것인지 생각해보는 아침이다.

탑리 오층석탑

윤임수

땅과 하늘을 받들어 서 있는
탑리 오층석탑에 가서
낮잠 한번 자고 싶다
명자나무 붉은 꽃이
따순 햇살에 환하고
탑리여중 순진한 소녀들이
단발머리를 자꾸 매만지며
철없이 깔깔거리고 있을 때면 좋겠다
우보 어디쯤 지나고 있을
발걸음 느린 화물열차가
곤한 숨소리를 연방
내 핏줄기 속으로 들이밀어도 좋겠다
모든 것 내려놓고
한숨 늘어지게 자다가
그 옛날 석공의 우직한 망치가
정수리를 내리쳐 그만
푸른 멍 하나 받고 깨어났으면 좋겠다

살아 있는 동안
끝내 지우지 않을 그 멍으로
세상 깊숙이 들어가서
오래오래 서 있고 싶다

어쩌다 잠 못 드는 새벽이면 아롱아롱 떠오르는 풍경 하나 있지. 나른한 봄날의 한가운데 양지바른 고향집 뒤란에 앉아 아무생각 없이 꼬박꼬박 졸아보는 일. 둥지를 떠나면서 이미 돌탑 속에 묻어 버렸지만 나이 들수록 더 간절하게 커져만 가는 꿈. 그렇게 다 내려놓고 졸다가 우직한 석공의 망치에 화들짝 깨어 그 푸른 멍 하나로 남은 한세상 또 건너보는 일이지.

제4부
섬진강 물길 따라 꽃등 환하고

대결

이상국

큰눈 온 날 아침
부러져나간 소나무들 보면 눈부시다

그들은 밤새 뭔가와 맞서다가
무참하게 꺾였거나
누군가에게 자신을 바치기 위해
공손하게 몸을 내맡겼던 게 아닐까

조금씩조금씩 쌓이는 눈의 무게를 받으며
더 이상 견딜 수 없는 지점에 이르기까지
나무는 무슨 생각을 했을까

저 빛나는 自害
혹은 아름다운 마감

나는 때로 그렇게
세상 밖으로 나가고 싶다

서해안과 저 윗동네에는 갑작스런 눈 폭탄이 쏟아졌다고 한다. 비닐하우스는 몇 자나 쌓인 눈의 무게를 못 이겨 척추가 내려앉고, 차와 사람들은 발이 묶이고 바퀴가 미끄러져 난리도 아니란다. 겨우내 눈다운 눈 한번 구경하기 힘들었던 터라 눈옷 입은 나뭇가지만 봐도 무작정 탄성부터 지르곤 했는데, 아뿔싸! 나뭇가지와 눈덩이는 그때 한 치도 양보 없는 일전 중이셨단다. 초절정의 긴장 속에서 벌이는 팽팽한 진검승부. 그렇기에 그것들이 뿜어내는 풍경은 저토록 눈부시고 장엄했는지도 모를 일이다.

빨래

정우영

잔뜩 부푼 빨래들이 눈부시다

빨랫줄 잡고 나란히들 서서
어지러운 세상을 향해
햇살의 노래를 불러대고 있다

외출 나간 몸뚱이들이
게슴츠레 기어들기 전까지는,
저렇게 널린 채로 씽씽할 것이다

어느 저녁나절,
옥상에 나부끼는 빨래 보거든
못 본 체 숨죽이고 지나가라.

깨달음이 환하게 익어가는 중이니.

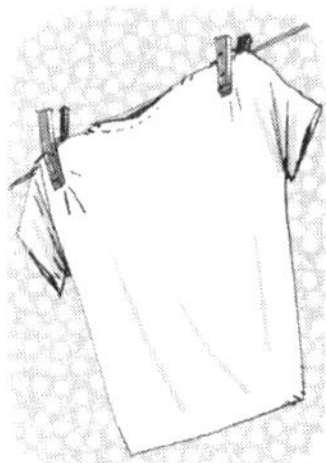

눈부시도록 맑은 날 옥상에 나부끼는 빨래는 누군가의 마음자락. 마음 갈피갈피에 낀 때를 박박 야무지게 치대어 널어놓은 환하게 나부끼는 깨달음이다. 눈 지그시 감고 팔다리를 있는 대로 이완시킨 채 익어가는 저 옷가지들을 보시라. 꿉꿉하던 마음에 햇살 불러들여 나도 저 빨래들처럼 한나절 바싹 말라보고 싶은 것이다. 하여 이튿날 아침에는 새물내 폴폴 날리며 홍얼홍얼 햇살의 노래라도 불러보고 싶은 것이다.

부부

함민복

긴 상이 있다
한 아름에 잡히지 않아 같이 들어야 한다
좁은 문이 나타나면
한 사람은 등을 앞으로 하고 걸어야 한다
뒤로 걷는 사람은 앞으로 걷는 사람을 읽으며
걸음을 옮겨야 한다
잠시 허리를 펴거나 굽힐 때
서로 높이를 조절해야 한다
다 온 것 같다고
먼저 탕 하고 상을 내려놓아서도 안된다
걸음의 속도도 맞추어야 한다
한발
또 한 발

몇 해 전 주례를 좀 서주십사하고 제자가 찾아왔다. 이 나이에 주례는 무슨, 한사코 손사래를 치며 사양했으나 반 협박에 떠밀려 어쩔 수 없이 받아들였다. 무슨 말을 해줘야 하나. 몇 날을 굴리고 고민하다가 이 시를 낭송해 주었더니 하객들 반응이 좋았다. 반응도 반응이었지만 이제 막 하나가 되려는 남녀에게 이보다 좋은 당부가 어디 있겠는가. 쉰이 다 되도록 장가도 안 가고 있는 시인이 부부관계는 어찌 이리도 빠삭한지.(그래서 여직 장가를 못 간 건가?) 그런 그가 얼마 전 천생의 짝을 만나 부부의 연을 맺었다. 요즘 상은 잘 들고 다니는지. 긴 상 들고 부디 한 세상 잘 건너기를 봄 햇살에 기대어 축복해 본다. 🄰

봄날, 하동

이종암

매화 피고 나니
산수유 피고
또 벚꽃이 피려고
꽃맹아리 저리 빨갛다

화개花開 지나는 중

꽃 피고 지는 사이
내 일생의
웃음도 눈물도

행行,

다 저기에 있다

황사처럼 떠다니는 흉흉한 소문들 사이로 꽃이 핀다. 겨우내 굳어있던 생채기 딱지앉은 자리에 새하얀 꽃잎으로 새살 돋는다. 길이 열린다. 발갛게 물오른 팔다리 휘날리며 또 한 생을 열기 위해 분투 중인 저 벚나무들. 이제 곧 섬진강 물길 따라 꽃등 환하고, 잠시 한눈 팔 겨를도 없이 꽃잎들 내려 눈처럼 날리리라. 그렇게 또 무한반복의 웃음과 눈물 속에서 우리 한 생도 저물어 가리라.

나무 한 그루가 한 일

이재무

강물 내려다보이는 연초록뿐인 언덕 위의 집

홀로된 노인 과실수 한 그루 구해 심으니

바람 몰려와 우듬지 흔들다 가고 햇살 잎잎마다 매달려 잉잉거린다 가지 끝 대롱대롱 빗방울 무수한 벌레들의 남부여대 껍질 속 세 들어 살고 꽃 피자 벌 나비 붐비고 구름 커튼 두껍게 그늘 치고 불콰한 노을 귀가에 바쁜 걸음 문득 멈추게 하고 이슬 내린 밤 열매의 소우주에 둥지 틀다 가는 별과 달

나무 한 그루 불쑥 들어선 이후

강물 눈빛 더욱 깊어지고

갑자기 살림 불기 시작한 언덕

부산스레 허둥대기 시작하였다

다투어 피워 올리는 꽃들의 향연에 넋 놓고 있는 사이, 나무의 맨몸에선 꼬물꼬물 연초록 새잎들이 고개를 내밀었다. 처음엔 손톱만하던 고것들이 어느새 자라나 손바닥 만해졌을 때, 나무는 그동안 텅 비어있던 우주의 여백을 채우는 한 그루 성자가 되시었다. 나는 그동안 아기 손톱만큼이라도 누군가의 여백을 채워줄 수 있는 사람이었나. 제 할 일 다 하며 묵묵히 한세상 건너는 나무들 앞에 부산스레 마음만 허둥대보는 아침이다.

발톱 깎는 사람의 자세

유홍준

발톱 깎는 사람의 자세는
둥글다네

나는 그 발톱 깎는 사람의 자세를 좋아한다네

사람이 사람을 앉히고 발톱을 깎아준다면
정이 안 들 수가 없지
옳지 옳아 어느 나라에선
발톱을 내밀면 결혼을 허락하는 거라더군
그 사람이 죽으면 주머니 속에 발톱을 넣어 간직한다더군

평생 누구에게 발톱을 내밀어 보지 못한 사람은 불행한 사
람

단 한 번도 발톱을 깎아주지 못한 사람은 불행한 사람

발톱을 예쁘게 깎아주는 사람은

목덜미가 가늘고
이마가 예쁘고 속눈썹이 길다더군 비가 오는 날이면
팔베개도 해주고 지짐도 부쳐주고 칼국수도 밀어준다더군
그러니 결혼을 안 할 수가 있겠어
그러니 싸움을 할 수가 있겠어

발톱을 깎는 사람의 자세는
고양이에 가깝고
공에 가깝고
뭉쳐놓은 것에 가깝다네 그는 가장 작고 온순하다네

나는 그 발톱 깎는 사람의 자세를 좋아한다네

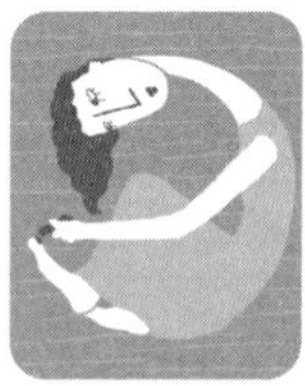

발톱을 깎을 때는 어김없이 고개를 숙여야 한다. 제 아무리 잘난 사람도 발톱을 깎을 때만은 한없이 낮고 둥글게 몸을 말아 가장 겸손한 자세가 되어야 한다. 하물며 다른 사람의 발톱을 깎아준다는 것은 무엇이겠나. 그에 대한 무한한 애정과 존경으로 그가 가진 가장 누추하고 못난 부분까지 다 어루만져줄 수 있어야 가능한 일. 그러니 발톱을 깎아주는 사람 앞에 우리 어찌 온순한 한 마리 고양이로 앉지 않을 수 있겠는가.

꿀벌 사원

박후기

꽃가루가 얼마나 모여야
꿀이 되는가 나는
생의 도감圖鑑 같은
두툼한 가방을 들고
집을 나선다
밀봉된 전철 안
손잡이에 매달려
겨우 흔들리면서
꽃 찾아 강을 건너간다
세상의 꽃은 모두
벌들의 거래처, 나는
두엄에 핀 민들레와 인사하다
똥무더기를 밟기도 하고
잘못 든 건물
유리창을 들이받다
쫓겨나기도 한다
아주 쓸쓸한 날에는

분가루를 입에 묻힌 채
유곽을 헤매기도 하지만,
모든 씁쓸한 맛이
더해진 꿀맛은 그래서
달콤하다

얼마 전, 한 때 참 좋아했던 가수 이 아무개 씨가 텔레비전에 나와 이런 말 하는 걸 들었다. '한국의 남자들은 돈을 벌다 죽거나, 돈을 다 벌어놓고 죽거나 두 부류밖에는 없는 것 같다고.' 워낙 자유롭게 살아온 영혼의 말이니 수긍도 가고 울컥 부러운 생각도 들었다. 하지만 부러움은 부러움일 뿐 어찌 쉽게 우리가 일벌들의 운명을 벗어던질 것인가. 오늘도 꿀을 찾아 헤매다 똥무더기를 밟기도 하고 씁쓸한 입맛 다시며 뒷골목을 배회하기도 하지만, 그래 그렇게라도 지켜냈으니 우리집 울타리 이만큼이라도 달콤하지 않은가.

파안

고재종

마을 주막에 나가서
단돈 오천 원 내놓으니
소주 세 병에
두부찌개 한 냄비

쭈그렁 노인들 다섯이
그것 나눠 자시고
모두들 볼그족족한 얼굴로
허허허
허허허
큰 대접 받았네그려!

경기가 풀리고 경제성장률은 높아진다는데 사방에선 먹고살기 힘들다는 소리만 들린다. 입만 열면 돈, 돈. 우리 모두 자본에 올라타 질주를 시작한 뒤부터 포만이란 어쩌면 저만치 물 건너 가버린 일인지도 모른다. 잘 살아보자고 부르짖는 일이 오히려 빈곤만 가중시켜대는 이 모순의 시대. 애당초 강바닥이나 파뒤집고 열차 속도 좀 앞당긴다고 채워질 허기도 아니다. 허나 소주 몇 병, 두부찌개 한 냄비에도 자족할 줄 아는 삶은 있으니, 바퀴에서 내려 잠시 마음 접고 돌아보시라. 우리 곁에도 얼마든지 포만은 있다.

징

육근상

징이여, 바람의 손잡이를 잡고 등짝을 한 번 후려쳐봐 울림이 클탱께

아궁이 단속이 심했던 대장장이가 벌겋게 달아오른 노을을 마흔아홉 번이나 두드렸다 폈다 만들어낸 걸작이 바로 저 강이여

동담티 무당년이 찾아와 낚아채듯 뺏어간 날이 아마 그믐이었지 빨간 깃대가 펄럭이고 아침저녁으로 울부짖는 소리 들리지 그 집이 몸땡이 풀어놓은 딘디 주인년이 나이도 많고 고집불통인데다 말도 통하지 않아 맨날 굿판이 벌어지고 있지

내가 징이여, 소리에도 색깔이 있어 울림이 큰 음색이 특장인디 워쩌 오늘밤 한번 둘어 볼텨 징채라도 있으면 맘껏 후리쳐봐 이빨 꽉 깨물고 견뎌 볼 탱께

징은 바람의 소리를 닮았다. 부드러운 징채가 가슴팍을 두드려대면 온몸을 울려 깊고 그윽한 소리를 낸다. 그 울림이 하 깊고도 넓어 다른 악기음들을 감싸 안으며 하나로 어우러지게 만드는 것이라는데…. 그랬다. 그 소리의 진원은 서녘 하늘을 벌겋게 물들이는 저녁놀이었던 것이다. 우직한 대장장이에게 '마흔아홉 번' 이나 담금질 당하고, '고집불통' 무당의 굿판에 불려 다니다 끝내는 강이 되어 흐르는 한 맺힌 울부짖음. 귓전에 울리는 소리 한 자락에서도 시인은 숱한 영혼의 외침을 우리에게 들려준다.

수술

김대규

삼차신경통으로 뇌수술을 받았다.
나이 70에 뇌수술이라니.
식구들의 걱정은 '혹시' 였지만
나는 다른 건 다 제쳐 놓고
시만 다시 쓸 수 있었으면 했다.

하루를 딴 세상에 가 있다가
이승으로 되돌아오자마자
먼저 시부터 써 봤다.

이게 처음 쓴 시다.
이 한 편으로 나는 재등단한다.

제 아무리 강심장이라도 수술실 들어가는 일이 흔쾌할 사람은 없다. 게다가 '문제가 되더라도' 라는 식의 수술동의서는 아무리 작은 수술이라도 간단치 않게 만든다. 그러니 칠십 노인의 뇌수술 상황에서 가족들이 갖는 걱정은 당연한 일, 그런데 정작 당사자인 환자의 바람은 생뚱맞기까지 하다. 아무튼 시에 대한 열망 하나로 무사히 수술을 마치고 나와 가장 먼저 이 시를 썼다고 하니, 이승과 저승을 오가는 동안에도 놓지 못한 그 '시' 야말로 시인의 생명줄임에 틀림없어 보인다. 어쨌거나 시인은 이 시 한 편으로 멋지게 다시 문단에 나왔고, 우리는 반짝이는 재능을 지닌 신인작가 한 사람을 또 얻은 셈이 되었다.

새 신의 감각

이희중

차마 맨땅에 내려놓을 수 없어
방안에서만 신어보다가
이튿날 아침 집을 나서서도
혼자 딴 나라를 걷지

진 데 딛지 않고
버스 안에서는 사람들의 헌 신을 경계하고
주저앉아 먹는 식당에 들어설 때는
손 타지 않게
벗어둘 곳도 세심하게 고르며

이번에는 뒤축 꺾지 않겠다고
나쁜 버릇 들이지 않겠다고
한번 잘해보겠다고
각오를 다지건만

언제부터던가

입성 가운데 맨 아래에서
무른 몸과 날선 세상이,
마른 몸과 물든 세상이 맞닿지 않게 하는 일이
고작 그것의 쓸모일 뿐임을 다시 용인하게 되는 때는

세상 더러움이 거기 다 뭉쳐 있는 양
이제 손대는 것조차 꺼리지

어릴 적 새로 산 신발을 머리맡에 두고 잠들던 기억이 새롭다. 자다 말고 몇 번이나 깨서는 그 반짝이는 운동화 콧날을 어루만지다 다시 잠들곤 했었지. 무엇이든 새 것이 우리에게 오는 순간은 가슴 뛰는 설렘을 선사한다. 비록 얼마 안가 다른 헌 물건들과 똑같이 익숙해지고 편해져 심지어는 식상해져버릴지라도. 새해가 시작된 지 벌써 며칠이 지나간다. 새날 새 아침의 다짐들이 희미하게 바래져 가고 있는 건 아닌지. 오늘 아침 어느새 구겨진 신발 뒤축 꽂꽂하게 펴신고, 날 선 세상 속으로 사뿐히 걸어가 본다.

조용한 날들

양애경

행복이란
사랑방에서
공부와는 담쌓은 지방 국립대생 오빠가
둥당거리던 기타 소리
우리보다 더 가난한 집 아들들이던 오빠 친구들이
엄마에게 받아 들여가던
고봉으로 보리밥 곁들인 푸짐한 라면 상차림

행복이란
지금은 치매로 시립요양원에 계신 이모가
연기 매운 부엌에 서서 꽁치를 구우며
흥얼거리던 창가唱歌

평화란
몸이 약해 한번도 전장에 소집된 적 없는
아버지가 배 깔고 엎드려
여름내 읽던

태평양전쟁 전12권

평화란
80의 어머니와 50의 딸이
손잡고 미는 농협마트의 카트
목욕하기 싫은 8살 난 강아지녀석이
등을 대고 구르는 여름날의 서늘한 마룻바닥

영원했으면… 하지만
지나가는 조용한 날들
조용한… 날들…

우리는 행복과 술래잡기하며 살아간다. 술래는 언제나 우리 몫이고, 행복은 늘 뒤통수를 보이며 달아나곤 한다. 어느 순간 뒷덜미를 잡아챘다 싶으면 더 큰 욕망이 날 잡아봐라 손짓한다. 그러면 우리는 또 숨 돌릴 겨를도 없이 내달리게 되는 것이다. 하지만 이 시인은 매순간 '지나가는 조용한 날들' 이 행복이라 일러준다. 현실을 잠시 접어두고 기타를 둥당거리는 오빠, 고봉으로 담긴 밥상을 세상 다 가진 얼굴로 받아들던 허기진 젊음들, 이모는 생선 한 토막 구워 기꺼운 마음으로 밥상을 차리고, 늙어가는 모녀는 마트에서 함께 카트를 미는 눈부시도록 소중한 날들. 이렇듯 우리가 모르는 사이에도 행복은 일상 속에 지나가고, 지금 이 순간에도 따사로운 평화는 도처에 깃들어 있다는 것. 당신도 나도 다만 그걸 알아차리기만 하면 된다는 것.

똥파리

김상미

영화 〈똥파리〉를 보았다.〈똥파리〉속에는 '시발놈아' 라는 말이 셀 수 없이 나온다. 그리고 그 말은 보통 영화의 '사랑한다' 는 말보다 훨씬 급이 높고 비장하다. 지랄맞게 울리고 끈질기게 피 흘리는 그 영화를 다 보고 나와 아무도 없는 강가에 가 소주 한 병을 마셨다. 그리고 목이 터져라 '시발놈아' 를 스무 번쯤 소리쳐 불렀다. 그랬더니 내 가슴 안 피딱지에 옹기종기 앉아 있던 겁 많은 똥파리들이 화들짝 놀라 모두 후두둑 강물 위로 떨어졌다. 시발놈들!

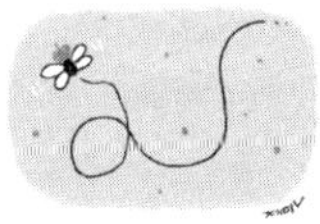

속이 다 후련하다. 예전에 '지랄' 이나 '빌어먹을' 같은 말을 입에 올리셨던 어머니 심정이 확 와 닿는다. 어머니는 이 절절한 언어들을 통해 평생의 힘든 농사일과 홀어미로서의 한을 날려버리고 비로소 평온한 잠에 드셨던 것 같다. 욕설이 갖는 카타르시스의 힘이다. 나 또한 이 영화를 보고나서 한참이나 '지랄맞은' 울림에 젖어있던 기억이 새로운데… 부럽다. 시인은 '시발놈아' 한마디로 가슴 속 겁 많은 똥파리들을 다 털어 수장시킬 수 있었으나, '시발놈아' 한마디 하는데도 머뭇머뭇 눈치를 봐야하는 내 안의 숱한 똥파리들을 나는 또 어찌할거나.

하관

문인수

지금, 어머니를 심는 중…

한 때 '지상에서 가장 짧은 시'라고 하는 하이쿠(俳句)에 매료된 적이 있었다.

하지만 여기 한 줄짜리 시 '하관'을 보고는 하이쿠를 뛰어넘는 함축미에 절로 감탄사가 나왔다. '한 줄도 너무 길다'고 누군가는 말하기도 했지만, 고작 세 단어로 이처럼 이별의 순간을 절절하게 포착해내는 내공이라니.

우리는 싹 트기를 바라며 씨앗을 '심고', 아름드리나무로 무럭무럭 자라라는 소망을 담아 묘목을 "심는"다. 그러므로 '심다'라는 행위어 속에는 그 대상에게 생명의 원기를 불어넣고 싶은 주체의 강한 열망이 담겨 있다. 어머니의 시신을 땅에 심는 화자의 바람 또한 이와 다르지 않을 터, 훗날 새로운 생명으로 다시 세상에 오시라는 자식의 지극한 마음이 2 · 4 · 3의 9자 속에 모두 녹아 있다. 달리 무슨 말이 더 필요하랴.

이 책의 시인들

강은교　1945년 함남 홍원에서 태어나 1968년 《사상계》를 통해 등단. 시집 『허무집』 『어느 별에서의 하루』 『등불 하나가 걸어오네』 『초록거미의 사랑』 등.

고두현　1963년 경남 남해에서 태어나 1993년 〈중앙일보〉 신춘문예로 등단. 시집 『늦게 온 소포』 『물미해안에서 보내는 편지』 등.

고은　1933년 전북 군산에서 태어나 1958년 《현대시》로 등단. 시집 『백두산』 『만인보』 『조국의 별』 『내 변방은 어디 갔나』 『상화시편』 등.

고재종　1957년 전남 담양에서 태어나 1984년 《실천문학》으로 등단. 시집 『쪽빛 문장』 『그때 휘파람새가 울었다』 『거미가 짓는 집』 『날랜 사랑』 등.

공광규　1960년 서울에서 태어나 1986년 《동서문학》으로 등단. 시집 『지독한 불륜』 『소주병』 『말똥 한 덩이』 등.

권경업　경북 안동에서 태어남. 시집 『하늘로 흐르는 강』 『별들이 쪽잠을 자고 간』 『달빛 무게』 『녹아버린 얼음보숭이』 등.

김상호 1973년 충남 논산에서 태어나 2001년 〈한국일보〉 신춘문예로 등단. 시집 『오동나무 안에 잠들다』『모르는 척』『눈의 심장을 받았네』 등.

김대규 1942년 경기도 안양에서 태어나 1960년 시집 『영의 유형』으로 등단. 시집 『흙의 사상』『가을소작인』 등.

김사인 1955년 충북 보은에서 태어나 1982년 《시와 경제》로 등단. 시집으로 『밤에 쓰는 편지』『가만히 좋아하는』 등.

김상미 1957년 부산에서 태어나 1990년 《작가세계》로 등단. 시집 『모자는 인간을 만든다』『검은, 소나기떼』『잡히지 않는 나비』 등.

김수열 1959년 제주에서 태어나 1982년 《실천문학》으로 등단. 시집 『어디에 선들 어떠랴』『신호등 쓰러진 길 위에서』『바람의 목례』『생각을 훔치다』 등.

김수우 부산에서 태어나 1995년 『시와 시학』으로 등단. 시집 『길의 길』『당신의 옹이에 옷을 건다』『붉은 사하라』 등.

김해자 1961년 전남 신안에서 태어나 1998년 《내일을 여는 작가》로 등단. 시집『무화과는 없다』『축제』 등.

도종환 충북 청주에서 태어나 1980년대 초 《분단시대》로 등단. 시집 『사람의 마을에 꽃이 진다』『부드러운 직선』『슬픔의 뿌리』『해인으로 가는 길』 등.

문인수 1945년 경북 성주에서 태어나 1985년 《심상》 신인상으로 등단. 시집 『뿔』『홰치는 산』『적막소리』 등.

문태준 1970년 경북 김천에서 태어나 1994년 《문예중앙》으로 등단. 시집 『수런거리는 뒤란』 『가재미』 『맨발』 『그늘의 발달』 등.

박남준 1957년 전남 법성포에서 태어나 1984년 《시인》으로 등단. 시집 『세상의 길가에 나무가 되어』 『풀여치의 노래』 『석박』 『그 아저씨네 간이 휴게실 아래』 등.

박두규 1956년 전북 임실에서 태어나 1985년 《南民詩》로 등단. 시집 『사과꽃 편지』 『당몰샘』 『숲에 들다』 등.

박성우 1971년 전북 정읍에서 태어나 2000년 〈중앙일보〉 신춘문예로 등단. 시집 『거미』 『가뜬한 잠』 『자두나무 정류장』 등.

박영희 1962년 전남 무안에서 태어나 1985년 《민의》 3집으로 등단. 시집 『조카의 하늘』 『해 뜨는 검은 땅』 『팽이는 서고 싶다』 『즐거운 세탁』 등.

박일환 1961년 충북 청주에서 태어나 1997년 《내일을 여는 작가》로 등단. 시집 『푸른 삼각뿔』 『끊어진 현』 등.

박제영 1992년 《시문학》으로 등단. 시집 『소통을 위한, 나와 당신의』 『푸르른 소멸』 『뜻밖에』 등.

박후기 1968년 경기도 평택에서 태어나 2003년 《작가세계》로 등단. 시집 『종이는 나무의 유전자를 갖고 있다』 『내 귀는 거짓말을 사랑한다』 등.

반칠환 1964년 충북 청주에서 태어나 1992년 〈동아일보〉 신춘문예로 등단. 시집 『누나야』 『하늘궁전의 비밀』 『뜰채로 죽은 별을 건지는 사랑』 등.

복효근 1962년 전북 남원에서 태어나 1991년 《시와 시학》으로 등단. 시집 『버마재비 사랑』 『누우떼가 강을 건너는 법』 『목련꽃브라자』 『마늘촛불』 등.

서영식 1973년 부산에서 태어나 2005년 〈매일신문〉으로 등단. 시집 『간절한 문장』 등.

성선경 1960년 경남 창녕에서 태어나 1988년 〈한국일보〉 신춘문예로 등단. 시집 『널뛰는 직녀에게』 『서른 살의 박봉 씨』 『모란으로 가는 길』 『몽유도원을 사다』 등.

손세실리아 전북 정읍에서 태어나 2001년 《사람의 문학》으로 등단. 시집 『기차를 놓치다』 등.

손택수 1970년 전남 담양에서 태어나 1998년 〈한국일보〉 신춘문예로 등단. 시집 『호랑이 발자국』 『목련 전차』 『나무의 수사학』 등.

양문규 1960년 충북 영동에서 태어나 1989년 《한국문학》으로 등단. 시집 『벙어리 연가』 『영국사에는 범종이 없다』 『집으로 가는 길』 『식량주의자』 등.

양애경 1956년 서울에서 태어나 1982년 〈중앙일보〉 신춘문예로 등단. 시집 『불이 있는 몇 개의 풍경』 『바닥이 나를 받아주네』 『내가 암늑대라면』 『맛을 보다』 등.

오세영 1942년 전남 영광에서 태어나 《현대문학》 추천으로 등단. 시집 『시간의 뗏목』 『무명연시』 『바람의 그림자』 『적멸의 불빛』 등.

유홍준　1962년 경남 산청에서 태어나 1998년 《시와 반시》 신인상으로 등단. 시집 『喪家에 모인 구두들』 『나는 웃는다』 『저녁의 슬하』 등.

육근상　1960년 대전에서 태어나 1990년 《삶의 문학》으로 등단. 시집 『그대에게 가고 싶습니다』 등.

윤임수　1966년 충남 부여에서 태어나 1998년 《실천문학》 신인상으로 등단. 시집 『상처의 집』 등.

윤재철　충남 논산에서 태어나 1981년 《오월시》로 등단. 시집 『생은 아름다울지라도』 『세상에 새로 온 꽃』 『능소화』 등.

윤제림　1959년 충북 제천에서 태어나 1987년 《문예중앙》으로 등단. 시집 『그는 걸어서 온다』 『목화밭 지나서 소년은 가고』 『20세기 브랜드에 관한 명상』 등.

윤효　1956년 충남 논산에서 태어나 1984년 《현대문학》으로 등단. 시집 『햇살 방석』 『물결』 등.

이대흠　1967년 전남 장흥에서 태어나 1994년 《창작과 비평》으로 등단. 시집 『물 속의 불』 『상처가 나를 살린다』 『눈물 속에는 고래가 산다』 『귀가 서럽다』 등.

이상국　1946년 강원도 양양에서 태어나 1976년 《心象》 신인상으로 등단. 시집 『내일로 가는 소』 『우리는 읍으로 간다』 『집은 아직 따뜻하다』 등.

이시영　1949년 전남 구례에서 태어나 1969년 〈중앙일보〉 신춘문예 등단. 시집 『만월』 『이슬 맺힌 노래』 『무늬』 『바다 호수』 『은빛 호각』 등.

이원규 1962년 경북 문경에서 태어남. 시집 『강물도 목이 마르다』 『지리산 편지』 『길을 지우며 길을 걷다』 등.

이은봉 1953년 충남 공주에서 태어나 1984년 《창작과비평》으로 등단. 시집 『좋은 세상』 『내 몸에는 달이 살고 있다』 『길은 당나귀를 타고』 『첫 눈 아침』 등.

이응인 1962년 경남 거창에서 태어나 1985년 《전망》 5집으로 등단. 시집 『천천히 오는 기다림』 『어린 꽃다지를 위하여』 『그냥 휘파람새』 등.

이재무 1958년 충남 부여에서 태어나 1983년 《삶의문학》으로 등단. 시집 『섣달 그믐』 『몸에 피는 꽃』 『푸른 고집』 『저녁 6시』 등.

이정록 1964년 충남 홍성에서 태어나 1993년 〈동아일보〉 신춘문예로 등단. 시집 『풋사과의 주름살』 『제비꽃 여인숙』 『의자』 『정말』 등.

이종암 1965년 경북 청도에서 태어나 1993년 《포항문학》으로 등단. 시집 『물이 살다 간 자리』 『저, 쉼표들』 『몸꽃』 등.

이진수 1962년 충남 청양에서 태어남. 시집 『그늘을 밀어내지 않는다』 등.

이희중 1960년 경남 밀양에서 태어나 〈광주일보〉 《현대시학》을 통해 등단. 시집 『푸른 비상구』 『참 오래 쓴 가위』 『기억의 풍경』 등.

정우영 1960년 전북 임실에서 태어나 1989년 《민중시》로 등단. 시집 『마른 것들은 제 속으로 젖는다』 『살구꽃 그림자』 『집이 떠나갔다』 등.

정희성 1945년 경남 창원에서 태어나 1970년 〈동아일보〉 신춘문예로 등단. 시집 『詩를 찾아서』 『저문 강에 삽을 씻고』 『한 그리움이 다른 그리움에게』 『돌아다보면 문득』 등.

조재도　1957년 충남 부여에서 태어나 1985년 《민중교육》으로 등단. 시집 『교사일기』 『백제시편』 『좋은 날에 우는 사람』 등.

조향미　1961년 경남 거창에서 태어나 1984년 무크지 《전망》으로 등단. 시집 『길보다 멀리 기다림은 뻗어 있네』 『새의 마음』 『그 나무가 나에게 팔을 벌렸다』 등.

최승호　1954년 강원도 춘천에서 태어나 1977년 《현대시학》으로 등단. 시집 『대설주의보』 『세속도시의 즐거움』 『그로테스크』 『북극 얼굴이 녹을 때』 등.

최영철　1956년 경남 창녕에서 태어나 1986년 〈한국일보〉 신춘문예로 등단. 시집 『가족사진』 『일광욕하는 가구』 『그림자 호수』 『찔러본다』 등.

천양희　1942년 부산에서 태어나 《현대문학》으로 등단. 시집 『마음의 수수밭』 『오래된 골목』 『너무 많은 입』 『나는 가끔 우두커니가 된다』 등.

표성배　1966년 경남 의령에서 태어나 1995년 〈마창노련문학상〉으로 등단. 시집 『아침 햇살이 그립다』 『개나리 꽃눈』 『공장은 안녕하다』 『기찬 날』 등.

함민복　1962년 충북 청주에서 태어나 1988년 《세계의 문학》으로 등단. 시집 『모든 경계에는 꽃이 핀다』 『우울씨의 일일』 『말랑말랑한 힘』 등.

함순례　1966년 충북 보은에서 태어나 1993년 《시와 사회》 신인상으로 등단. 시집 『뜨거운 발』 등.

애 지 시 선

002	붉디 붉은 호랑이	장석주 시집
003	붉은 사하라	김수우 시집
004	자전거 도둑	신현정 시집
005	정비공장 장미꽃	엄재국 시집
006	기차를 놓치다	손세실리아 시집
007	바람의 목례	김수열 시집
008	그리운 연어	박이화 시집
009	뜨거운 발	함순례 시집
010	정오의 순례	이기철 시집
011	그 남자의 손	정낙추 시집
012	즐거운 세탁	박영희 시집
013	구룡포로 간다	권선희 시집
014	좋은 날에 우는 사람	조재도 시집
015	여수의 잠	김열 시집
016	축제	김해자 시집
017	뜻밖에	박제영 시집
018	꽃들이 딸꾹	신정민 시집
019	안개부족	박미라 시집
020	아배 생각	안상학 시집
021	검은 꽃밭	윤은경 시집
022	숲에 들다	박두규 시집
023	물가죽 북	문신 시집
024	마늘 촛불	복효근 시집
025	어처구니 사랑	조동례 시집
026	소주 한 잔	차승호 시집
027	기찬 날	표성배 시집
028	물집	정군칠 시집
029	간절한 문장	서영식 시집